Vorwort

Endlich ist der Sommer da! Überall sieht man Leute mit erfrischenden Getränken, Eis und Gebäck. Da könnte man neidisch werden, muss man aber nicht! Das alles ist nämlich auch mit der gesunden Low Carb Ernährung möglich.

Lassen Sie sich überraschen von der erfrischenden Vielfalt und nehmen Sie mit Freuden ab.

Ich wünsche Ihnen viel Spaß mit meinem Buch.

1

Inhaltsangabe

Vorwort

Mandeleis

Sahniges Erdbeer Eis

Mandeleis

Erdbeer Smoothie

Beeren Smoothie

Heidelbeere Joghurt Smoothie

Bananen Smoothie

Nachtrag zum Impressum / Copyright

Erdbeer Schmand Torte

Zutaten

Tortenboden
110 g flüssige Butter
120 ml Sahne
5 Eier
100 g Mandelmehl
Süßstoff nach Wahl
1 TL Backpulver
1/2 TL Natron
1 Prise Salz
1 Fläschchen Vanillearoma
1 TL Guarkernmehl

Creme
4 Becher Schmand
10 g. Gelatine
Süßstoff nach Geschmack
Mark einer Vanilleschote

Belag
500 g Erdbeeren

Zubereitung
Alle Zutaten für den Boden in eine Schüssel geben. Mit dem Handrührgerät zu einem sämigen Teig verrühren. Eine Backform einfetten und den Teig hineingeben. Bei 160 Grad Umluft ca. 30 Minuten backen.

Die Gelatine in ein Gefäß geben und in ca. 50 g Wasser (kalt) mindestens 10 Minuten quellen lassen. Die übrigen Zutaten für die Creme in eine Schüssel geben und verrühren. Die Gelatine in der Mikrowelle kurz erhitzen und unter die Creme rühren.

Den abgekühlten Boden durchschneiden und mit der Creme füllen. Die Erdbeeren waschen und in Scheiben schneiden. Auf den Kuchen verteilen.

Guten Appetit!

Saftige Kaffee Creme Torte

Zutaten

Tortenboden
110 g flüssige Butter
120 ml Sahne
5 Eier
100 g Mandelmehl
2 EL Backkakao
Süßstoff nach Wahl
1 TL Backpulver
1/2 TL Natron
1 Prise Salz
1 Fläschchen Vanillearoma
1 TL Guarkernmehl

Creme
800 g Sahne
10 g Gelatine
1 EL Backkakao
2 EL Instant Kaffee

1 Tafel Schokolade 85 % Kakao

Zubereitung
Alle Zutaten für den Boden in eine Schüssel geben. Mit
dem Handrührgerät zu einem sämigen Teig verrühren.
Eine Backform einfetten und den Teig hineingeben. Bei
160 Grad Umluft ca. 30 Minuten backen.

Die Gelatine in ein Gefäß geben und in ca. 50 g Wasser
(kalt) mindestens 10 Minuten quellen lassen. Die übrigen
Zutaten für die Creme in eine Schüssel geben und
verrühren. Die Gelatine in der Mikrowelle kurz erhitzen
und unter die Creme rühren.

Den abgekühlten Boden in 3 Scheiben durchschneiden
und mit der Creme füllen.

Die Schokolade schmelzen und auf die oberste
Tortenschicht geben.

Guten Appetit!

Sahne Schokoladen Torte

Zutaten

Tortenboden
110 g flüssige Butter
120 ml Sahne
5 Eier
100 g Mandelmehl
2 EL Backkakao
Süßstoff nach Wahl
1 TL Backpulver
1/2 TL Natron
1 Prise Salz
1 Fläschchen Vanillearoma
1 TL Guarkernmehl

Creme
800 g Sahne
10 g Gelatine
1 EL Backkakao, gestrichen

Zubereitung
Alle Zutaten für den Boden in eine Schüssel geben. Mit dem Handrührgerät zu einem sämigen Teig verrühren. Eine Backform einfetten und den Teig hineingeben. Bei 160 Grad Umluft ca. 30 Minuten backen.

Die Gelatine in ein Gefäß geben und in ca. 50 g Wasser (kalt) mindestens 10 Minuten quellen lassen. Die übrigen Zutaten für die Creme in eine Schüssel geben und verrühren. Die Gelatine in der Mikrowelle kurz erhitzen und unter die Creme rühren.

Den abgekühlten Boden in 3 Scheiben durchschneiden und mit der Creme füllen.

Guten Appetit!

Heidelbeere Kokos Torte

Zutaten

Tortenboden
110 g flüssige Butter
140 ml Sahne
5 Eier
100 g Mandelmehl
50 g Kokosraspeln
Süßstoff nach Wahl
1 TL Backpulver
1/2 TL Natron
1 Prise Salz
1 Fläschchen Vanillearoma
1 TL Guarkernmehl

Creme
200 g weiche Butter
½ TL Guarkernmehl
600 g Frischkäse
Süßstoff nach Wahl
100 g Kokosraspeln
Heidelbeeren

Zubereitung
Alle Zutaten für den Boden in eine Schüssel geben. Mit dem Handrührgerät zu einem sämigen Teig verrühren. Eine Backform einfetten und den Teig hineingeben. Bei 160 Grad Umluft ca. 30 Minuten backen.

Die Zutaten für die Creme in eine Schüssel geben und verrühren.

Den abgekühlten Boden in 3 Scheiben durchschneiden und mit der Creme füllen.

Guten Appetit!

Mandel Cupcakes mit Vanille Häubchen

Zutaten

Teig
200 g Quark
50 g Butter
5 Eier
200 g gemahlene Mandeln
1 TL Backpulver
Süßstoff nach Geschmack

Frosting
100 g weiche Butter
100 g Frischkäse
Mark einer Vanilleschote
Süßstoff nach Geschmack

Zubereitung
Den Ofen auf 180 Grad Ober- und Unterhitze vorheizen.
Die Eier trennen und das Eiweiß steif schlagen. Nun das
geschlagene Eiweiß beiseite stellen. Die übrigen Zutaten
für den Teig in eine Schüssel geben und mit dem
Handrührgerät zu einem sämigen Teig vermischen. Das
Eiweiß unterheben. Ein Muffinblech mit Papierförmchen
auskleiden und jeweils bis zur Hälfte mit Teig füllen. Die
Muffins ca. 20 Minuten backen. Abkühlen lassen. Die
Zutaten für das Frosting in eine Schüssel geben und
vermischen. ½ Stunde im Kühlschrank stehen lassen.
Alles in einen Spritzbeutel füllen und hübsch auf die
Küchlein drapieren. Guten Appetit!

Schokoladen Himbeere Cupcakes

Zutaten

Teig
200 g Quark
50 g Butter
30 g Backkakao
5 Eier
200 g gemahlene Mandeln
1 TL Backpulver
Süßstoff nach Geschmack

Frosting
100 g weiche Butter
100 g Frischkäse
30 g Himbeeren, zerkleinert
1 Messerspitze Bindobin
Süßstoff nach Geschmack

Zubereitung
Den Ofen auf 180 Grad Ober- und Unterhitze vorheizen.
Die Eier trennen und das Eiweiß steif schlagen. Nun das
geschlagene Eiweiß beiseite stellen. Die übrigen Zutaten
für den Teig in eine Schüssel geben und mit dem
Handrührgerät zu einem sämigen Teig vermischen. Das
Eiweiß unterheben. Ein Muffinblech mit Papierförmchen
auskleiden und jeweils bis zur Hälfte mit Teig füllen. Die
Muffins ca. 20 Minuten backen. Abkühlen lassen. Die
Zutaten für das Frosting in eine Schüssel geben und
vermischen. ½ Stunde im Kühlschrank stehen lassen.
Alles in einen Spritzbeutel füllen und hübsch auf die
Küchlein drapieren. Guten Appetit!

Kokos Kuchen

Zutaten
200 g weiche Butter
50 g Sahne
100g gemahlene Mandeln
100g Eiweißpulver
150 g Kokosraspeln
3 Eier
Süßstoff nach Geschmack
2 TL Backpulver
Mark einer Vanille Schote

Zubereitung
Den Backofen bei Ober und Unterhitze auf 180 Grad
vorheizen. Eine Kuchen Backblech entweder gut
einfetten, oder mit Backpapier auskleiden. Alle Zutaten
in eine Schüssel geben und mit dem Rührgerät zu einem
sämigen Teig vermengen. Den Teig in die Form schütten
und ca. 1 Stunde backen.

Beschwipster Kuchen

Zutaten
200 g weiche Butter
150 g gemahlene Mandeln
110 g Eiweißpulver
30 g Rum
20 g klarer Schnaps
1 Fläschchen Rumaroma
70 g gemahlene Haselnüsse
3 Eier
Süßstoff nach Geschmack
2 TL Backpulver
Mark eine Vanille Schote

Zubereitung
Den Backofen bei Ober und Unterhitze auf 180 Grad
vorheizen. Eine Kuchen Backform entweder gut einfetten,
oder mit Backpapier auskleiden. Alle Zutaten in eine
Schüssel geben und mit dem Rührgerät zu einem
sämigen Teig vermengen. Den Teig in die Form schütten
und ca. 1 Stunde backen.

Brombeere Macarons

Zutaten

Teig
45 g fein gemahlene Mandeln
70 g fein gemahlener Xucker
36 g geschlagenes Eiweiß
Lebensmittelfarbe

Füllung
100 g Butter, weich
Süßstoff nach Geschmack
30 g Low Carb Brombeermarmelade
oder pürierte Brombeeren

Zubereitung
Den Ofen auf 150 Grad Ober- und Unterhitze vorheizen.
Alle Zutaten für den Teig in eine Schüssel geben und
vorsichtig mischen. Mischung in einen Spritzbeutel
füllen und kleine Häufchen auf eine Macarons Matte
geben. Ca. 12 bis 15 Minuten backen. Die Macarons
Schalen abkühlen lassen. Nun die Zutaten für die Füllung
in eine Schüssel geben und verrühren. Die Schalen damit
füllen. Guten Appetit!

Brownies

Zutaten
200 g Butter weich
80 g Kakaopulver zum Backen
Süßstoff nach Geschmack
4 Eier
150 g Mandeln gemahlen

Zubereitung
Alle Zutaten in eine Schüssel geben und verrühren. Ein tiefes Blech mit Backpapier belegen und den Teig draufschütten. Ca. 20 Minuten bei 200 Grad backen und in Stücken schneiden. Wer möchte, kann noch eine Tafel Schokolade 85% schmelzen und die Brownies damit überziehen.

Schoko Cookies

Zutaten
150 g Mandeln gemahlen
120 g Butter
20 g Backkakao
1 Ei
½ TL Natron
Süßstoff
50 g Schokolade 85 % gehackt
1 Prise Salz

Zubereitung
Alle Zutaten in eine Schüssel geben. Mit dem Rührgerät
gut durchkneten. Mit zwei Löffeln auf ein mit
Backpapier belegtes Blech Teighäufchen geben. Etwas
Abstand lassen, da die Cookies etwas auseinander laufen.
Bei 200 Grad 15 Minuten backen.

Quarkbällchen

Zutaten
Süßstoff nach Geschmack
80 g Quark
1 Ei
40g Eiweißpulver neutral
1 TL Backpulver
20 g gemahlene Mandeln
etwas Streusüße zum Bestäuben
Fett zum Frittieren

Zubereitung
Das Fett erhitzen. Alle anderen Zutaten, außer die
Streusüße in eine Schüssel geben und mit dem Rührgerät
vermischen. Den Teig teelöffelweise in das Fett geben.
Wenn sie goldbraun sind und oben schwimmen
herausnehmen und auf Küchenkrepp abtropfen lassen.
Mit der Streusüße bestäuben und genießen.

Leinsamen Mandelbrot

Zutaten
300 g Magerquark
100 g Mandeln gemahlen
100 g Leinsamen gemahlen
20 g Butter
5 EL Weizenspeisekleie
8 Eier
1 TL Salz
1 Pck. Backpulver
2 EL Sonnenblumenkerne

Zubereitung

Alle Zutaten außer den Sonnenblumenkernen in eine
Schüssel geben und vermengen. Eine Kastenform mit
Backpapier auskleiden und den Teig hinein geben. Mit
den Sonnenblumenkernen bestreuen und in den Ofen
schieben. Bei 180 Grad ca. 1 Stunde backen.

Schoko Minze Eis

Zutaten:
100 g starker
Pfefferminztee
100 g Schokolade 85 %, gehackt
3 Eigelbe
Süßstoff
500 g Sahne

Zubereitung:
Etwa 3 Teelöffel Süßstoff mit dem Eigelb schlagen. Die Sahne steif schlagen. Nun die übrigen Zutaten hinzugeben und vermischen. Eventuell nochmals etwas nachsüßen. In eine Eismaschine geben, bis das Eis gefroren ist. Guten Appetit!

Sahniges Erdbeer Eis

Zutaten:
200 g Erdbeeren, zerkleinert
200 g Naturjoghurt
3 Eigelbe
Süßstoff
300 g Sahne

Zubereitung:
Etwa 3 Teelöffel Süßstoff mit dem Eigelb schlagen. Die Sahne steif schlagen. Nun die übrigen Zutaten hinzugeben und vermischen. Eventuell nochmals etwas nachsüßen. In eine Eismaschine geben, bis das Eis gefroren ist.

Mandeleis

Zutaten:
200 g Mandeln, gemahlen
50 g Mandeln,
gehackt, in 1 TL ÖL
in der Pfanne kurz
anrösten und abkühlen
lassen
1 Prise Salz
3 Eigelbe
Süßstoff
500 g Sahne

Zubereitung:
Etwa 3 Teelöffel Süßstoff mit dem Eigelb schlagen. Die Sahne steif schlagen. Nun die übrigen Zutaten hinzugeben und vermischen. Eventuell nochmals etwas nachsüßen. In eine Eismaschine geben, bis das Eis gefroren ist.

Erdbeer Smoothie

Zutaten
200 g Erdbeeren
300 g Sojamilch
100 g Mineralwasser
Saft einer Zitrone
Süßstoff nach Geschmack
10 Eiswürfel

Zubereitung
Alle Zutaten in den Mixer geben und fein pürieren.
Umfüllen und kalt stellen.

Beeren Smoothie

Zutaten
300 g gefrorene Beerenfrüchte
500 g Sojamilch
100 g Mineralwasser
Süßstoff nach Geschmack

Zubereitung
Alle Zutaten in den Mixer geben und fein pürieren.
Umfüllen und kalt stellen.

Heidelbeere Joghurt Smoothie

Zutaten
100 g Heidelbeeren
600 g Sojajoghurt
100 g Mineralwasser
Süßstoff nach Geschmack
10 Eiswürfel

Zubereitung
Alle Zutaten in den Mixer geben und fein pürieren.
Umfüllen und kalt stellen.

Bananen Smoothie

Zutaten
1 Banane, geschält
300 g Sojajoghurt
300 g Sojamilch
100 g Mineralwasser
Süßstoff nach Geschmack
10 Eiswürfel

Zubereitung
Alle Zutaten in den Mixer geben und fein pürieren.
Umfüllen und kalt stellen.

Nachtrag zum Impressum / Copyright

Shutterstock.com
- Brent Hofacker
- Kogotkova
- Pustinnikova
- MS Photographic
- Magnata
- Avs
- Ewell
- Zidar
- Phoenix
- Yuliya
- Different nata
- Dream 79
- Pinkcandy
- Perl 7
- Mitsova
- Merk 67

Herstellung und Verlag:
BoD - Books on Demand, Norderstedt
ISBN 978-3-7347-9963-1